Nove dias com as virtudes de

Maria

Roteiros para oração e reflexão

ROSEANE GOMES BARBOSA

Nove dias com as virtudes de

Roteiros para oração e reflexão

Dados Internacionais de Catalogação na Publicação (CIP)
(Câmara Brasileira do Livro, SP, Brasil)

Barbosa, Roseane Gomes
   Nove dias com as virtudes de Maria : roteiros para oração e reflexão / Roseane Gomes Barbosa. – São Paulo : Paulinas, 2016.

   ISBN 978-85-356-4120-2

   1. Maria, Virgem, Santa - Culto 2. Maria, Virgem, Santa - Devoção 3. Novena 4. Orações 5. Virtudes I. Título. II. Série.

16-01575   CDD-242.74

Índice para catálogo sistemático:
1. Maria, Mãe de Jesus : Orações e reflexões : Cristianismo   242.74

1ª edição – 2016
4ª reimpressão – 2023

Direção-geral: Bernadete Boff
Editora responsável: Vera Ivanise Bombonatto
Copidesque: Mônica Elaine G. S. da Costa
Coordenação de revisão: Marina Mendonça
Revisão: Ana Cecilia Mari
Gerente de produção: Felício Calegaro Neto
Projeto gráfico: Manuel Rebelato Miramontes
Imagem de capa: Simone Cantarini
(O repouso da Sagrada Família)

Nenhuma parte desta obra poderá ser reproduzida ou transmitida por qualquer forma e/ou quaisquer meios (eletrônico ou mecânico, incluindo fotocópia e gravação) ou arquivada em qualquer sistema ou banco de dados sem permissão escrita da Editora. Direitos reservados.

Paulinas
Rua Dona Inácia Uchoa, 62
04110-020 – São Paulo – SP (Brasil)
Tel.: (11) 2125-3500
http://www.paulinas.com.br – editora@paulinas.com.br
Telemarketing e SAC: 0800-7010081
© Pia Sociedade Filhas de São Paulo – São Paulo, 2016

Maria, Mulher da escuta, abre os nossos ouvidos; faz com que saibamos ouvir a Palavra do teu Filho Jesus, no meio das mil palavras deste mundo.

Maria, Mulher da decisão, ilumina a nossa mente e o nosso coração, a fim de que saibamos obedecer à Palavra do teu Filho Jesus, sem hesitações.

Maria, Mulher da ação, faz com que as nossas mãos e os nossos pés se movam rumo aos outros, para levar a caridade e o amor do teu Filho Jesus, para levar ao mundo a luz do Evangelho. Amém!

Papa Francisco

Apresentação

Nove dias com as virtudes de Maria oferece orações e reflexões que nos auxiliam a contemplar na vida de Nossa Mãe Maria, e também, em nossa vida, a prática das virtudes.

Maria nos inspira a vivermos a fé, a esperança, o amor/caridade, a humildade, a fidelidade, a disponibilidade, a confiança, a paciência, a pobreza e muitas outras virtudes que, neste livro, não foram destacadas, mas que não obstante podem ser lembradas e acrescentadas àquelas aqui presentes.

E por que escolhemos estas nove e não outras virtudes? Porque na atualidade estas virtudes parecem características apenas dos santos. De fato, os que foram declarados santos alcançaram esse *status* porque viveram com radicalidade as virtudes. E se eles, que foram pessoas como nós, conseguiram pô-las em prática, a nós também é possível.

Como nos lembra o *Catecismo da Igreja Católica*, a "virtude é uma disposição habitual e firme para fazer o bem" (CIC 1803); sendo assim, todo ser humano tem em si a possibilidade de praticar a caridade, viver a solidariedade, nutrir a esperança etc. E sendo uma atitude concreta, a virtude requer o exercício constante.

Foi pela prática da virtude que Deus encontrou em Maria a "terra boa onde a semente caiu e deu frutos" abundantes de vida e de santidade. É por esse caminho que ele também poderá encontrar em nós abertura e acolhida da sua vontade e de seus desígnios.

Na primeira parte deste livro você encontrará um roteiro de oração, que poderá ser rezado sozinho ou em grupo. A segunda parte traz o terço e como rezá-lo. Na terceira parte, encontram-se diversas orações que complementam os roteiros.

Sugerimos as intenções principais para cada dia de oração e, além disso, a estas intenções você também poderá acrescentar as suas intenções particulares e outras que achar necessárias.

Ó Maria concebida sem pecado!
Rogai por nós que recorremos a vós!

Parte 1
As Virtudes

1º dia — Virtude da fé

Faça-se em mim segundo a sua palavra.

(Lc 1,38b)

No primeiro dia de nossa oração e reflexão com as virtudes de Nossa Mãe Maria, contemplamos a virtude da fé. Em Maria, Deus encontrou um coração aberto e acolhedor, e por isso ela se tornou para nós grande testemunha de uma fé sólida e madura. A intenção para este momento de oração é a de crescermos na fé, a fim de que todos os acontecimentos em nossa vida fortaleçam ainda mais a nossa união com Deus por meio de nossa fé.

Oração do Ângelus ou outra à escolha

Texto bíblico: Lc 1,36-38

[O anjo Gabriel disse a Maria]
"Também Isabel, tua parenta, concebeu um filho na sua velhice.
Este já é o sexto mês daquela que era chamada estéril, pois para Deus nada é impossível".
Maria disse: "Eis aqui a serva do Senhor! Faça-se em mim segundo a tua palavra".
E o anjo retirou-se de junto dela.

Refletir sobre a virtude

A fé é a marca da vida de Maria; ela é essencialmente uma mulher de fé. Tal vivência se confirma quando, ao ouvir a mensagem do anjo Gabriel, ela se dispôs a colaborar sem reservas com o projeto de Deus. Certamente foi apoiada por sua fé e teve por base as tradições que o povo de Israel cultivava, sobre a vinda do Messias, que Maria aceitou gerar Jesus. Foi a fé enraizada na tradição e na história do povo que impulsionou Maria a arriscar-se sem reservas, na plena certeza de que Deus é fiel.

Maria não se apegou à própria vida, tampouco temeu perder José, seu noivo. Você deve estar pensando: *Mas Maria era a escolhida por Deus para ser a mãe do Salvador.* Porém, é preciso lembrar que Maria se tornou mãe no momento em que disse sim ao anjo, e antes disso nada lhe foi revelado ou antecipado em relação ao seu futuro, ao de Jesus e ao de José. Ela teve que se deixar guiar por Deus, assim como alguém que não possui a visão, para enfim saber até onde sua fé a levaria.

Pensemos em nossa experiência pessoal de fé; talvez nem de longe ela seja semelhante à de Maria. Contudo, é bom lembrarmos que a fé é um dom a ser pedido a Deus, é uma virtude a ser cultivada com a força da graça divina que age em nós. Isso mesmo, a fé precisa ser transmitida, acolhida, cultivada, exercitada.

Quem experimenta viver os acontecimentos da vida na ótica da fé, sabe que não está sozinho, mas conta com a força e a presença de Deus. Independentemente de acontecer coisas boas ou não, a pessoa se sentirá em paz, porque deixou Deus agir em sua vida.

Foi assim na experiência de Maria de Nazaré, pode ser também assim em nossa vida de fé. Digamos sempre: *Senhor, eu creio, mas aumentai a minha fé.*

Para reflexão: Em sua vida cotidiana, como acontece a experiência da fé?

Rezar com a Mãe Maria

Oração do terço contemplando os mistérios do dia correspondente. (*As orações encontram-se nas pp. 65-75.*)

Intenção: Ao rezarmos este terço, pedimos ao Senhor que nos faça crescer na fé. E que a nossa fidelidade seja inabalável como a de Nossa Mãe Maria. (*Outras intenções.*)

Oração para pedir a virtude da fé

Ó Virgem Maria, Nossa Mãe,
intercessora de todas as graças,
e Mãe do único Mediador entre o Pai e nós.
A ti pedimos, ó Mãe querida,
que intercedas por nós junto ao teu Filho Jesus,

a fim de que ele nos conceda,
com a força do Espírito Santo, a virtude da fé.
Que seguindo os teus passos, ó Mãe, no discipulado de Jesus
tenhamos uma fé sólida e inabalável,
que tudo suporta, tudo espera e tudo crê.
E que, em nosso dia a dia,
nada nos desanime em nossa união com Deus,
mas todo e qualquer acontecimento
sirva para nos fortalecer na fé.
Amém!

Oração final

Ó Maria, minha Mãe, Mestra e Rainha dos Apóstolos,
acolhei-me entre os que amais, guiais e santificais,
no discipulado de Jesus Cristo.
Em Deus, vedes os filhos que ele chama,
e por eles intercedeis, obtendo-lhes graças, luz e conforto.
Jesus Cristo, o Divino Mestre, confiou-se inteiramente
aos vossos cuidados,
desde a encarnação até a ascensão.
Isto é para mim ensinamento, exemplo e dom inefável.
Como Jesus, eu também me coloco em vossas mãos.
Obtende-me a graça de conhecer,
seguir e amar sempre mais a Jesus Mestre,
Caminho, Verdade e Vida.

Apresentai-me a Jesus, para ser admitido entre os discípulos dele.
Iluminai-me, fortificai-me e santificai-me.
Que eu possa corresponder plenamente à vossa bondade, e possa um dia dizer: "eu vivo, mas já não sou que vivo, pois é Cristo que vive em mim".
Quero corresponder sempre mais ao dom de Deus, "até que em mim se forme Jesus Cristo".
Amém.

(Beato Tiago Alberione)

Bênção[1]

Que o Senhor nos abençoe e nos guarde. *Amém.*
Ele nos mostre a sua face e se compadeça de nós. *Amém.*
Dirija para nós o seu olhar e nos dê a paz. *Amém.*
† Abençoe-nos o Deus que é Pai, Filho e Espírito Santo. *Amém.*

---

[1] Nm 6,22–26

2º dia — Virtude da esperança

Lembrou-se de sua misericórdia,
conforme prometera a nossos pais.
(Lc 1,54-55)

No segundo dia de nossa oração com as virtudes de Nossa Mãe Maria, contemplamos a virtude da esperança. Que Maria, inserida na história do seu povo e que esperava a vinda do Messias conforme os profetas haviam anunciado, nos ensine a ler a nossa história de forma sapiente. A intenção para este momento de oração é a de nutrirmos a esperança, a fim de que, não obstante as nossas lutas e dificuldades, possamos confiar sempre na ação do Senhor que caminha conosco.

Oração do Ângelus ou outra à escolha

Texto bíblico: Lc 1,53-55

[Do canto de Maria]
Encheu de bens os famintos, e mandou embora os ricos de mãos vazias.
Acolheu Israel, seu servo, lembrando-se de sua misericórdia,
conforme prometera a nossos pais, em favor de Abraão e de sua descendência, para sempre.

Refletir sobre a virtude

A esperança nos remete para o futuro, pois evoca algo que virá. Todavia, a esperança não é um sonho, uma utopia (Rm 5,5). Ela é algo concreto, enraizado na história (Lc 1,46-55). Na perspectiva cristã, a esperança tem como elemento principal o Reino de Deus. Semelhante à fé, a esperança também se fundamenta em duas bases: a tradição religiosa e a história. Assim foi a esperança que Maria nutria, assim deve ser a nossa esperança.

O povo judeu aguardava a vinda do Messias que os libertaria do poder opressor, desejava dias melhores de fartura e prosperidade. Maria também esperava pelo Messias, porém, não poderia imaginar que faria parte ativamente dessa chegada. Contudo, por conhecer a esperança do povo judeu, não soou estranho, a seus ouvidos, o anúncio da chegada do Filho de Deus de forma inusitada.

A esperança de Maria, bem como a nossa, tende para um bem que se encontra no futuro, o qual é de difícil acesso e que sozinhos não poderemos alcançar (Lc 1,68-79). Mas mesmo assim já é possível entrever o que nossa esperança deseja alcançar. A espera não nos deve desanimar, ao contrário, a esperança aumenta em nós o desejo de possuir esse bem que Jesus chamou de vida em plenitude.

Esperamos o que não vemos e cremos no que esperamos (Rm 8,24-25). Não devemos perder a esperança ainda que vivamos num mundo marcado por injustiça, impunidade, guerra, violência e tantas outras atrocidades. Tudo isto não é obra de Deus, e sim fruto do egoísmo humano.

Pense na realidade a sua volta e se pergunte: onde e em quem está a sua esperança? Certamente você deve conhecer pessoas que perderam a esperança e que dizem ser uma bobagem esperar uma vida em plenitude, quando aqui e agora se vive em meio ao caos. Quem pensa assim perdeu não só a esperança, mas também a fé. Por isso, viva e testemunhe a sua esperança, pois, quem sabe assim, uma luz se acenda dentro das pessoas desanimadas, ao verem que a sua vida, a sua esperança, é uma chama acesa.

Para reflexão: Em sua vida cotidiana, como se realiza a vivência da esperança?

Rezar com a Mãe Maria

Oração do terço contemplando os mistérios do dia correspondente. (*As orações encontram-se nas pp. 65-75.*)

Intenção: Ao rezarmos este terço, pedimos ao Senhor que nos conceda a virtude da esperança. E que o nosso esperar seja incansável como o de Nossa Mãe Maria. (*Outras intenções.*)

Oração para pedir a virtude da esperança

Ó Virgem Maria, Nossa Mãe,
intercessora de todas as graças,
e Mãe do único Mediador entre o Pai e nós.
A ti pedimos, ó Mãe querida,
que intercedas por nós junto ao teu Filho Jesus,
a fim de que ele nos conceda,
com a força do Espírito Santo, a virtude da esperança.
Que seguindo os teus passos, ó Mãe, no discipulado de Jesus
possamos enfrentar os acontecimentos desta vida,
com a certeza de que o Senhor está junto de nós.
E que, em nosso dia a dia,
nada nos desanime em nossa união com Deus,
mas todo e qualquer acontecimento
sirva para fortalecer a nossa esperança.
Amém!

Oração final

Ó Maria, minha querida e terna Mãe,
colocai vossa mão sobre minha cabeça.
Guardai minha mente, coração e sentidos,
para que eu não cometa o pecado.
Santificai meus pensamentos,
sentimentos, palavras e ações,
para que eu possa agradar a vós

e ao vosso Jesus e meu Deus.
E assim possa participar
de vossa felicidade no céu.
Jesus e Maria, dai-me vossa bênção.
Em nome do Pai, do Filho e do Espírito Santo.
Amém.

(Beato Tiago Alberione)

Bênção

Que o Senhor nos abençoe e nos guarde. *Amém.*

Ele nos mostre a sua face e se compadeça de nós. *Amém.*

Dirija para nós o seu olhar e nos dê a paz. *Amém.*

† Abençoe-nos o Deus que é Pai, Filho e Espírito Santo. *Amém.*

3º dia — Virtude do amor/caridade

Eles não têm mais vinho.
(Jo 2,3)

No terceiro dia de nossa oração com as virtudes de Nossa Mãe Maria, contemplamos a virtude do amor/caridade. "Quando chegou a plenitude dos tempos", o Filho de Deus se fez homem e se encarnou no seio de Maria. Ela o acolheu, o gerou, o amamentou e o amou como só uma mãe sabe fazer. A intenção para este momento de oração é a de que, seguindo o exemplo de Nossa Mãe Maria, sejamos pessoas amorosas e solícitas na prática da caridade para com todos.

Oração do Ângelus ou outra à escolha

Texto bíblico: Jo 2,1-5

[O casamento em Caná]
No terceiro dia, houve um casamento em Caná da Galileia, e a mãe de Jesus estava lá.
Também Jesus e seus discípulos foram convidados para o casamento.
Faltando o vinho, a mãe de Jesus lhe disse: "Eles não têm vinho!"
Jesus lhe respondeu: "Mulher, para que me dizes isso? A minha hora ainda não chegou".

Sua mãe disse aos que estavam servindo: "Fazei tudo o que ele vos disser!".

Refletir sobre a virtude

A caridade e o amor são sinônimos. Muitas vezes se busca diferenciá-los, de modo que ao amor se aplica uma conotação ligada à sexualidade, enquanto a caridade tem um sentido mais altruísta. Tal diferenciação não está errada, porém é muito restritiva, porque o amor não pode ser limitado apenas a uma das dimensões do ser humano, uma vez que ele perpassa todas elas.

É importante lembrar que Deus revela-se como amor e é somente por esse caminho que nós podemos conhecer e experimentar a Deus. Este manifestou o seu amor de modo surpreendente em dois acontecimentos: na criação e na encarnação do Filho Jesus.

Na encarnação o amor divino encontrou-se com o amor humano de Maria. Foi em seu ser de mãe que Jesus fez a experiência humana de ser amado com amor materno, que é para nós, ao mesmo tempo, humano e divino.

Na experiência de ser amado, Jesus compreendeu o verdadeiro sentido do amor, e neste resumiu toda a Lei e os Profetas. O seu único mandamento foi amar a Deus e ao próximo como a si mesmo (Mt 22,37-40). Jesus nos ensina que o amor a Deus só tem sentido se for concretizado em amor ao próximo. E esse mandamento deve ser levado até as últimas consequências, isto é, devemos amar os inimigos, aqueles que nos odeiam, que nos fizeram o mal (Mt 5,44). Você já tentou amar alguém que o feriu, ofendeu, caluniou, magoou? É difícil, não é mesmo?! Pode ser que você não consiga amar a esta pessoa, mas pode em seu coração não desejar-lhe o mal. E isso já é um bom começo em direção ao amor.

Podemos assumir em nossa vida a atitude de sermos como o Bom Samaritano (Lc 10,30-37), que, ao ver o homem caído e ferido na estrada, não passa ao largo, nem se desvia do caminho, mas presta-lhe toda ajuda necessária de forma livre e gratuita. Isso é caridade! Foi esse amor que Deus encontrou em Maria. É esse o amor que ele espera de nós.

Para reflexão: Em sua vida cotidiana, como se concretiza a prática do amor/caridade?

Rezar com a Mãe Maria

Oração do terço contemplando os mistérios do dia correspondente. (*As orações encontram-se nas pp. 65-75.*)

Intenção: Ao rezarmos este terço, pedimos ao Senhor que nos conceda a virtude do amor/caridade. E que o nosso amar seja benevolente como o de Nossa Mãe Maria. (*Outras intenções.*)

Oração para pedir a virtude do amor/caridade

Ó Virgem Maria, Nossa Mãe,
intercessora de todas as graças,
e Mãe do único Mediador entre o Pai e nós.
A ti pedimos, ó Mãe querida,
que intercedas por nós junto ao teu Filho Jesus,
a fim de que ele nos conceda,
com a força do Espírito Santo,
um coração aberto ao mandamento do amor.
Que seguindo os teus passos,
ó Mãe, no discipulado de Jesus
saibamos praticar a caridade
para com todos aqueles que necessitam
dos bens materiais e espirituais.
E que, em nosso dia a dia,
nada nos desanime em nossa união com Deus,
mas todo e qualquer acontecimento
sirva para fortalecer em nós a caridade.
Amém!

Oração final

Ó Maria, minha Mãe, Mestra e Rainha dos Apóstolos,
acolhei-me entre os que amais, guiais e santificais,
no discipulado de Jesus Cristo.

Em Deus, vedes os filhos que ele chama,
e por eles intercedeis, obtendo-lhes graças, luz e conforto.
Jesus Cristo, o Divino Mestre, confiou-se inteiramente
aos vossos cuidados,
desde a encarnação até a ascensão.
Isto é para mim ensinamento, exemplo e dom inefável.
Como Jesus, eu também me coloco em vossas mãos.
Obtende-me a graça de conhecer,
seguir e amar sempre mais a Jesus Mestre,
Caminho, Verdade e Vida.
Apresentai-me a Jesus, para ser admitido
entre os discípulos dele.
Iluminai-me, fortificai-me e santificai-me.
Que eu possa corresponder plenamente
à vossa bondade, e possa um dia dizer:
"eu vivo, mas já não sou que vivo,
pois é Cristo que vive em mim".
Quero corresponder sempre mais ao dom de Deus,
"até que em mim se forme Jesus Cristo".
Amém.

(Beato Tiago Alberione)

Bênção

Que o Senhor nos abençoe e nos guarde. *Amém.*
Ele nos mostre a sua face e se compadeça de nós. *Amém.*
Dirija para nós o seu olhar e nos dê a paz. *Amém.*
† Abençoe-nos o Deus que é Pai, Filho e Espírito Santo.
Amém.

4º dia Virtude da humildade

O Senhor fez em mim maravilhas.

(Lc 1,49)

No quarto dia de nossa oração com as virtudes de Nossa Mãe Maria, contemplamos a virtude da humildade. Pois Maria se fez serva do Senhor e confiou-se totalmente nas mãos de Deus. A intenção para este momento de oração é a de não nos deixarmos levar pela busca de grandeza, que traz consigo o orgulho e a soberba, afastando-nos das pessoas, mas sim que possamos trilhar o caminho da pequenez e da humildade.

Oração do Ângelus ou outra à escolha

Texto bíblico: Lc 1,49-52

[Do canto de Maria]
O Poderoso fez para mim coisas grandiosas. O seu nome é santo,
e sua misericórdia se estende de geração em geração sobre aqueles que o temem.
Ele mostrou a força de seu braço: dispersou os que têm planos orgulhosos no coração.
Derrubou os poderosos de seus tronos e exaltou os humildes.

Refletir sobre a virtude

Ser humilde é ter uma percepção real de si mesmo, isto é, conhecer verdadeiramente as suas qualidades e os seus limites. A pessoa humilde não é vaidosa, nem arrogante, tampouco orgulhosa. Ao contrário, orgulho não combina com humildade.

A humildade é a virtude de colocar os dons, as qualidades, a inteligência e a sabedoria a serviço dos outros, porque todas essas dádivas nos são dadas não só para bem próprio, mas também para serem compartilhadas com os outros. Maria compreendeu isso muito bem e não teve medo de se reconhecer pequena, simples serva, apenas uma colaboradora de Deus (Lc 1,38).

São Bernardo de Claraval dizia que a humildade é o primeiro grau da verdade, porque, sendo humilde, a pessoa descobre o que ela realmente é, ou seja, encontra-se com o seu nada. É por isso que essa virtude é considerada heroica e tornou-se um dos pré-requisitos para se alcançar a santidade.

Humildade é saber renunciar a possuir a si próprio, e isso Maria soube fazer muito bem. Ela renunciou aos seus planos pessoais – casar-se com José e constituir uma família –, a fim de assumir os planos de Deus. E ainda mais, ela chegou até a renunciar ao dom mais precioso que é a vida, e esta felizmente lhe foi preservada. Maria sabia muito bem que, na sociedade e na cultura de seu tempo, uma mulher prometida em casamento que fosse acusada de adultério teria como condenação a lapidação, isto é, o apedrejamento até a morte (Dt 22,23).

Em nossa vida, fazemos muitos planos, idealizamos projetos de vida, buscamos realizar nossos sonhos. Maria também fez tudo isso, mas não se apegou a nada disso por causa de Jesus. Estaríamos dispostos a renunciar a essas coisas em vista de ajudar alguém? Renunciar aqui significa mudar, desistir, transformar tudo o que se havia planejado. Não é um pequeno ajuste, mas sim uma mudança radical. Foi exatamente o que Maria fez.

Segui-la assim com tanta radicalidade talvez nos seja um pouco difícil, mas não é impossível. Comecemos admitindo e assumindo a nossa pequenez, vivendo com simplicidade e humildade a cada dia.

Para reflexão: Em sua vida cotidiana, como você pratica a humildade?

Rezar com a Mãe Maria

Oração do terço contemplando os mistérios do dia correspondente. (*As orações encontram-se nas pp. 65-75.*)

Intenção: Ao rezarmos este terço, pedimos ao Senhor que nos conceda a virtude da humildade. E que o nosso ser seja simples como o de Nossa Mãe Maria. (*Outras intenções.*)

Oração para pedir a virtude da humildade

Ó Virgem Maria, Nossa Mãe,
intercessora de todas as graças,
e Mãe do único Mediador entre o Pai e nós.
A ti pedimos, ó Mãe querida,
que intercedas por nós junto ao teu Filho Jesus,
a fim de que ele nos conceda,
com a força do Espírito Santo,
a virtude da humildade sincera e autêntica.
Que seguindo os teus passos, ó Mãe, no discipulado de Jesus
saibamos reconhecer a nossa pequenez
e, assim, deixar a graça de Deus agir em nós.
E que, em nosso dia a dia,
nada nos desanime em nossa união com Deus,
mas todo e qualquer acontecimento
sirva para nos fortalecer na humildade.
Amém!

Oração final

Ó Maria, minha querida e terna Mãe,
colocai vossa mão sobre minha cabeça.
Guardai minha mente, coração e sentidos,
para que eu não cometa o pecado.
Santificai meus pensamentos,
sentimentos, palavras e ações,

para que eu possa agradar a vós
e ao vosso Jesus e meu Deus.
E assim possa participar
de vossa felicidade no céu.
Jesus e Maria, dai-me vossa bênção.
Em nome do Pai, do Filho e do Espírito Santo.
Amém.

(Beato Tiago Alberione)

Bênção

Que o Senhor nos abençoe e nos guarde. *Amém.*

Ele nos mostre a sua face e se compadeça de nós. *Amém.*

Dirija para nós o seu olhar e nos dê a paz. *Amém.*

† Abençoe-nos o Deus que é Pai, Filho e Espírito Santo. *Amém.*

5º dia — Virtude da fidelidade

*Como acontecerá isso,
se não conheço homem algum?*
(Lc 1,34)

No quinto dia de nossa oração com as virtudes de Nossa Mãe Maria, contemplamos a virtude da fidelidade. Maria não revogou a sua palavra, mesmo quando uma espada lhe transpassou a alma. A intenção para este momento de oração é a de sermos fiéis ao Senhor, especialmente nos momentos de grandes dificuldades em que somos tentados a responsabilizá-lo, ao invés de enfrentar os nossos problemas junto com ele.

Oração do Ângelus ou outra à escolha

Texto bíblico: Lc 1,30-35

O anjo, então, disse: "Não tenhas medo, Maria! Encontraste graça junto a Deus.
Conceberás e darás à luz um filho, e lhe porás o nome de Jesus.
Ele será grande; será chamado Filho do Altíssimo, e o Senhor Deus lhe dará o trono de Davi, seu pai.
Ele reinará para sempre sobre a descendência de Jacó, e o seu reino não terá fim".

Maria, então, perguntou ao anjo: "Como acontecerá isso, se eu não conheço homem?".
O anjo respondeu: "O Espírito Santo descerá sobre ti, e o poder do Altíssimo te cobrirá com a sua sombra. Por isso, aquele que vai nascer será chamado santo, Filho de Deus".

Refletir sobre a virtude

O que podemos entender por fidelidade, não só a partir da vida de Maria, mas no contexto atual? De modo simplificado, dizemos que uma pessoa é fiel quando assume um compromisso com alguém, ou empenha-se em fazer algo, e não desiste da decisão tomada. Diante de tal compromisso, desenvolvem-se ações para que se realize o que foi proposto e assumem-se todas as consequências que demandam o empenho assumido.

Maria foi extremamente fiel ao seu povo, tanto que a chamamos de Maria de Nazaré; fiel às suas tradições, ela vai com José para o recenseamento em Belém (Lc 2,1-5), vai ao Templo de Jerusalém todos os anos para a festa da Páscoa (Lc 2,41); é fiel a seu noivo José, pois, quando pergunta ao anjo como irá acontecer a chegada do Filho de Deus, diz que não conhece homem algum (Lc 1,34); é fiel a Deus ao dizer que ele pode fazer em sua vida a sua vontade (Lc 1,38); e por toda a vida foi fiel a Jesus, estando com ele até o momento crucial de sua morte.

E hoje, como vivemos a fidelidade? Em nossa sociedade, a fidelidade é muito associada ao matrimônio, como sendo o contrário de adultério. Contudo, este termo não se restringe à relação conjugal, pois a fidelidade abrange todas as dimensões da vida humana nos âmbitos pessoal e social.

Ser fiel é sinônimo de uma pessoa constante, leal, zelosa, que sabe respeitar. Viver a fidelidade implica uma vida pautada por convicções e valores perenes, sólidos, desapegados de modismos. E certamente essa foi uma característica de Maria, Jesus e José, a Santa Família.

A nossa fidelidade deve ser a "imagem e semelhança" da fidelidade que Deus tem para com a humanidade, pois, apesar de nossos pecados, ele nunca desiste de nós, suas criaturas.

A fidelidade implica confiança e reciprocidade nas relações e nasce da conversão dos nossos desejos e de nossas vontades egoístas em amor. Quem ama verdadeiramente é fiel, no amor, na dor, nas alegrias e nos fracassos. Maria, no silêncio e na simplicidade, nos ensina a sermos fiéis.

Para reflexão: Em sua vida cotidiana, em quais situações você se mantém fiel a Deus e às pessoas?

Rezar com a Mãe Maria

Oração do terço contemplando os mistérios do dia correspondente. (*As orações encontram-se nas pp. 65-75.*)

Intenção: Ao rezarmos este terço, pedimos ao Senhor que nos conceda a virtude da fidelidade. E que a nossa lealdade seja constante como a de Nossa Mãe Maria. (*Outras intenções.*)

Oração para pedir a virtude da fidelidade

Ó Virgem Maria, Nossa Mãe,
intercessora de todas as graças,
e Mãe do único Mediador entre o Pai e nós.
A ti pedimos, ó Mãe querida,
que intercedas por nós junto ao teu Filho Jesus,
a fim de que ele nos conceda,
com a força do Espírito Santo, a virtude da fidelidade.
Que seguindo os teus passos, ó Mãe, no discipulado de Jesus
sejamos fiéis aos mandamentos do Senhor.
E que, em nosso dia a dia,
nada nos desanime em nossa união com Deus,
mas todo e qualquer acontecimento
sirva para nos fortalecer na fidelidade.
Amém!

Oração final

Ó Maria, minha Mãe, Mestra e Rainha dos Apóstolos,
acolhei-me entre os que amais, guiais e santificais,
no discipulado de Jesus Cristo.
Em Deus, vedes os filhos que ele chama,
e por eles intercedeis, obtendo-lhes graças, luz e conforto.

Jesus Cristo, o Divino Mestre, confiou-se inteiramente
aos vossos cuidados,
desde a encarnação até a ascensão.
Isto é para mim ensinamento, exemplo e dom inefável.
Como Jesus, eu também me coloco em vossas mãos.
Obtende-me a graça de conhecer,
seguir e amar sempre mais a Jesus Mestre,
Caminho, Verdade e Vida.
Apresentai-me a Jesus, para ser admitido
entre os discípulos dele.
Iluminai-me, fortificai-me e santificai-me.
Que eu possa corresponder plenamente
à vossa bondade, e possa um dia dizer:
"eu vivo, mas já não sou que vivo,
pois é Cristo que vive em mim".
Quero corresponder sempre mais ao dom de Deus,
"até que em mim se forme Jesus Cristo".
Amém.

(Beato Tiago Alberione)

Bênção

Que o Senhor nos abençoe e nos guarde. *Amém.*

Ele nos mostre a sua face e se compadeça de nós. *Amém.*

Dirija para nós o seu olhar e nos dê a paz. *Amém.*

† Abençoe-nos o Deus que é Pai, Filho e Espírito Santo.
Amém.

6º dia — Virtude da disponibilidade

Eis aqui a serva do Senhor.

(Lc 1,38)

No sexto dia de nossa oração com as virtudes de Nossa Mãe Maria, contemplamos a virtude da disponibilidade. Em Maria, Deus encontrou acolhida e abertura para assim realizar o seu plano de salvação. A intenção para este momento de oração é a de estarmos disponíveis para acolher a vontade do Senhor, a fim de que não nos sintamos contrariados quando, em nossos pedidos, não formos atendidos como desejaríamos.

Oração do Ângelus ou outra à escolha

Texto bíblico: Lc 1,36-38

"Também Isabel, tua parenta, concebeu um filho na sua velhice. Este já é o sexto mês daquela que era chamada estéril, pois para Deus nada é impossível". Maria disse: "Eis aqui a serva do Senhor! Faça-se em mim segundo a tua palavra". E o anjo retirou-se de junto dela.

Refletir sobre a virtude

A disponibilidade é uma atitude que evoca a liberdade, pois somente quem tem um amplo domínio de si mesmo pode colocar-se à disposição de outra pessoa, sem se deixar escravizar de algum modo.

Na dimensão da espiritualidade, ser disponível consiste em abrir-se para Deus e deixar que ele conduza a nossa vida. É deixar-se guiar constantemente pelo Espírito Santo, a fim de que seja ele quem conduza o nosso agir. Deixar-se guiar não é ser marionete, pois o agir de Deus não viola a liberdade humana, uma vez que, em última instância, quem decide sobre suas próprias ações é o ser humano.

Na vida de Nossa Mãe Maria, a disponibilidade incondicional a Deus se evidencia no seu chamado a ser a mãe de Jesus. Quando o anjo Gabriel anunciou a Maria que seria em seu seio que o Santo nasceria, ela de imediato se mostrou totalmente aberta e não titubeou em dizer: "Eu sou a serva do Senhor; faça-se em mim segundo tua palavra" (Lc 1,38).

Como mãe de Jesus e nossa Mãe, Maria não só realizou a vontade de Deus em sua vida, mas também nos orienta a deixar que Deus possa agir em nossa vida conforme o seu dispor. Foi assim que nas Bodas de Caná, ao perceber que os noivos não tinham mais vinho, Maria se dirigiu aos que serviam dizendo: "Fazei tudo o que ele [Jesus] vos disser" (Jo 2,5). Embora o desejo imediato de Maria fosse ajudar os noivos a saírem daquela situação constrangedora, ela deixou que Jesus agisse livremente, porém, em seu íntimo, sabia que o Filho não a abandonaria.

Deus, ao entrar na vida de Maria com um projeto inusitado, revira e reordena a sua vida. Uma vida assim requer abertura, acolhida, doação, oblação, coragem e força para enfrentar as dores e os sacrifícios. Esse total abandono nas mãos do Pai só é possível com a auxílio da graça divina. É um duplo agir que combina o agir de Deus com a liberdade humana.

Não foi fácil na vida de Maria, e também não é fácil em nossa vida, mas para Deus tudo é possível.

Para reflexão: Em sua vida cotidiana, como vive a disponibilidade?

Rezar com a Mãe Maria

Oração do terço contemplando os mistérios do dia correspondente. (*As orações encontram-se nas pp. 65-75.*)

Intenção: Ao rezarmos este terço, pedimos ao Senhor que nos conceda a virtude da disponibilidade. E que a nossa disposição seja contínua como a de Nossa Mãe Maria. (*Outras intenções.*)

Oração para pedir a virtude da disponibilidade

Ó Virgem Maria, Nossa Mãe,
intercessora de todas as graças,
e Mãe do único Mediador entre o Pai e nós.
A ti pedimos, ó Mãe querida,
que intercedas por nós junto ao teu Filho Jesus,
a fim de que ele nos conceda,
com a força do Espírito Santo, a virtude da disponibilidade.
Que seguindo os teus passos, ó Mãe, no discipulado de Jesus
possamos dizer ao Senhor: "Eis-nos aqui. Faça-se, Senhor, a tua vontade".
E que, em nosso dia a dia,
nada nos desanime em nossa união com Deus,
mas todo e qualquer acontecimento
sirva para fortalecer em nós a disponibilidade ao Pai.
Amém!

Oração final

Ó Maria, minha querida e terna Mãe,
colocai vossa mão sobre minha cabeça.
Guardai minha mente, coração e sentidos,
para que eu não cometa o pecado.
Santificai meus pensamentos,
sentimentos, palavras e ações,

para que eu possa agradar a vós
e ao vosso Jesus e meu Deus.
E assim possa participar
de vossa felicidade no céu.
Jesus e Maria, dai-me vossa bênção.
Em nome do Pai, do Filho e do Espírito Santo.
Amém.

(Beato Tiago Alberione)

Bênção

Que o Senhor nos abençoe e nos guarde. *Amém.*

Ele nos mostre a sua face e se compadeça de nós. *Amém.*

Dirija para nós o seu olhar e nos dê a paz. *Amém.*

† Abençoe-nos o Deus que é Pai, Filho e Espírito Santo. *Amém.*

7º dia Virtude da confiança

Fazei tudo o que ele vos disser.
(Jo 2,5)

No sétimo dia de nossa oração com as virtudes de Nossa Mãe Maria, contemplamos a virtude da confiança. Maria, com seu jeito de confiar em Deus, nos ensina a não desanimarmos diante do que parece impossível. A intenção para este momento de oração é a de confiarmos na providência e na ação divina, a fim de que em todas as circunstâncias de nossa vida nos deixemos conduzir pelo Senhor.

Oração do Ângelus ou outra à escolha

Texto bíblico: Jo 2,3-6

[Jesus e sua mãe foram convidados para um casamento onde faltou vinho]
Faltando o vinho, a mãe de Jesus lhe disse: "Eles não têm vinho!".
Jesus lhe respondeu: "Mulher, para que me dizes isso? A minha hora ainda não chegou".
Sua mãe disse aos que estavam servindo: "Fazei tudo o que ele vos disser!".
Estavam ali seis talhas de pedra, de quase cem litros cada, destinadas às purificações rituais dos judeus.

Jesus disse aos que estavam servindo: "Enchei as talhas de água!". E eles as encheram até à borda. Então disse: "Agora, tirai e levai ao encarregado da festa". E eles levaram.

Refletir sobre a virtude

A confiança se baseia no conhecimento sobre alguém ou alguma coisa, e o grau de confiabilidade é determinado pela capacidade de se prever o comportamento de alguém. Isto é, ao observar a forma de se comportar e as atitudes de uma pessoa, somos capazes de identificar nela os valores que regem seu comportamento em determinadas situações, e assim abalizar a nossa confiança nela.

Tanto na dimensão humana quanto na espiritual, confiar supõe reciprocidade entre as partes, pois é considerado um ato de amor ou de amizade, ou seja, a confiança existe onde há proximidade, intimidade, conhecimento mútuo.

Deus encontrou em Maria um ser confiável e, certamente por conhecê-la por dentro, não era desconhecida aos olhos de Deus a confiança que ela tinha nele.

Ato de extrema confiança na vida de Maria se evidencia no início da vida pública de Jesus. A cena é conhecida: Maria, Jesus e os discípulos são convidados para uma festa de casamento em Caná, na Galileia (Jo 2,1-11). Ao saber que o vinho acabara, Maria vai ao encontro de Jesus para falar acerca do problema.

A resposta de Jesus, no entanto, é a mais desanimadora possível. Todavia, a confiança de Maria no filho não deixa que ela desanime. Depois de dar uma ordem ousada aos que serviam, com sabedoria Maria deixa Jesus livre, pois confia em quem ele é, em seu agir. A resposta de Jesus à primeira vista é frustrante, mas não impede Maria de se surpreender com a ação dele.

Muitas vezes em nossa vida, quando pedimos algo a Deus e ele não nos atende de imediato, ficamos tristes e desanimados, e esquecemos que ele é solícito a seu tempo. Se ele não nos deu o "vinho" que havíamos pedido, é porque a nossa hora de recebê-lo ainda não chegou.

Não devemos ser imediatistas ou até intransigentes com Deus, pois o Senhor mesmo nos disse: "Pedi e vos será dado! Procurai e encontrareis! Batei e a porta vos será aberta! Pois todo aquele que pede recebe, quem procura encontra, e a quem bate, a porta será aberta" (Mt 7,7-8). A única coisa que não sabemos é quando isso acontecerá, mas temos a sua Palavra como garantia.

Para reflexão: Em sua vida cotidiana, como você vive a confiança na ação de Deus?

Rezar com a Mãe Maria

Oração do terço contemplando os mistérios do dia correspondente. (*As orações encontram-se nas pp. 65-75.*)

Intenção: Ao rezarmos este terço, pedimos ao Senhor que nos conceda a virtude da confiança. E que o nosso confiar seja absoluto como o de Nossa Mãe Maria. (*Outras intenções.*)

Oração para pedir a virtude da confiança

Ó Virgem Maria, Nossa Mãe,
intercessora de todas as graças,
e Mãe do único Mediador entre o Pai e nós.
A ti pedimos, ó Mãe querida,
que intercedas por nós junto ao teu Filho Jesus,
a fim de que ele nos conceda,
com a força do Espírito Santo, a virtude da confiança em Deus.
Que seguindo os teus passos, ó Mãe, no discipulado de Jesus
confiemos sempre mais na ação do Senhor,
de modo a acolher a sua vontade e não impor-lhe a nossa.
E que, em nosso dia a dia,
nada nos desanime em nossa união com Deus,
mas todo e qualquer acontecimento
sirva para fortalecer em nós a confiança no agir de Deus.
Amém!

Oração final

Ó Maria, minha Mãe, Mestra e Rainha dos Apóstolos,
acolhei-me entre os que amais, guiais e santificais,
no discipulado de Jesus Cristo.
Em Deus, vedes os filhos que ele chama,
e por eles intercedeis, obtendo-lhes graças, luz e conforto.
Jesus Cristo, o Divino Mestre, confiou-se inteiramente
aos vossos cuidados,
desde a encarnação até a ascensão.
Isto é para mim ensinamento, exemplo e dom inefável.
Como Jesus, eu também me coloco em vossas mãos.
Obtende-me a graça de conhecer,
seguir e amar sempre mais a Jesus Mestre,
Caminho, Verdade e Vida.
Apresentai-me a Jesus, para ser admitido
entre os discípulos dele.
Iluminai-me, fortificai-me e santificai-me.
Que eu possa corresponder plenamente
à vossa bondade, e possa um dia dizer:
"eu vivo, mas já não sou que vivo,
pois é Cristo que vive em mim".
Quero corresponder sempre mais ao dom de Deus,
"até que em mim se forme Jesus Cristo".
Amém.

(Beato Tiago Alberione)

Bênção

Que o Senhor nos abençoe e nos guarde. *Amém.*

Ele nos mostre a sua face e se compadeça de nós. *Amém.*

Dirija para nós o seu olhar e nos dê a paz. *Amém.*

† Abençoe-nos o Deus que é Pai, Filho e Espírito Santo. *Amém.*

8º dia Virtude da paciência

*Teu pai e eu estávamos
angustiados à tua procura.*

(Lc 2,48)

No oitavo dia de nossa oração com as virtudes de Nossa Mãe Maria, contemplamos a virtude da paciência. Maria soube, no silêncio e na oração, acompanhar Jesus em todos os momentos de sua vida. A intenção para este momento de oração é a de termos autodomínio em nossa vida, a fim de que as contrariedades da vida e das nossas relações não nos impeçam de vivermos em paz e em harmonia com as pessoas.

Oração do Ângelus ou outra à escolha

Texto bíblico: Lc 2,46-51

*[Peregrinação para Jerusalém]
Depois de três dias, o encontraram no templo, sentado entre os mestres, ouvindo-os e fazendo-lhes perguntas. Todos aqueles que ouviam o menino ficavam maravilhados com sua inteligência e suas respostas.
Quando o viram, seus pais ficaram comovidos, e sua mãe lhe disse: "Filho, por que agiste assim conosco? Olha, teu pai e eu estávamos, angustiados, à tua procura!".*

Ele respondeu: "Por que me procuráveis? Não sabíeis que eu devo estar naquilo que é de meu Pai?".

Eles, porém, não compreenderam a palavra que ele lhes falou.

Jesus desceu, então, com seus pais para Nazaré e era obediente a eles. Sua mãe guardava todas estas coisas no coração.

Refletir sobre a virtude

A paciência é a virtude que consiste em suportar as adversidades, bem como os dissabores e infelicidades que podem acontecer em nossa vida. A pessoa paciente tem o controle sobre si mesma, além de desenvolver uma enorme capacidade de resignação e tolerância.

Não há escritos que relatem a vida de Jesus, Maria e José, em Nazaré, desde a infância até o início de sua missão. Contudo, um relato pode nos servir de exemplo para compreendermos o quanto e como Maria foi uma pessoa paciente. Em Lc 2,41-50, encontramos a narração acerca da peregrinação da família de Nazaré a Jerusalém. Ao retornarem à sua cidade, após um dia de caminhada, os pais de Jesus percebem que ele não se encontra entre os membros da caravana. Preocupados, Maria e José voltam a Jerusalém e encontram Jesus entre os doutores da Lei.

Neste reencontro Maria demonstra toda a sua preocupação e aflição de mãe ao dizer: "Filho, por que agiste assim conosco? Olha, teu pai e eu estávamos, angustiados, à tua procura!"

(Lc 2,48). E qual a sua surpresa ao ouvir do jovem Jesus: "Por que me procuráveis? Não sabíeis que eu devo estar naquilo que é de meu Pai?" (Lc 2,49). Se alguma mãe hoje ouvisse essa resposta, no mínimo diria que o filho é um ingrato. A mãe Maria, entretanto, compreende que seu filho não lhe pertence e que sua missão de mãe consiste em encaminhar Jesus para a liberdade, em não retê-lo para si. Não obstante o instinto protetor de mãe.

Segundo a tradição, trinta anos foram necessários para que Jesus se revelasse como o Messias ao povo judeu. Esse longo tempo também foi de espera para Maria ver se cumprir tudo o que lhe fora anunciado pelo anjo. Ela, que educou a Jesus como qualquer outra mãe, o amou, o acompanhou em todos os seus passos e o conhecia profundamente, teve que esperar pacientemente que ele completasse seu processo de maturação.

Quantas vezes nos falta essa virtude e não temos paciência para esperar o tempo de cada coisa. O mundo de hoje nos impulsiona a querermos tudo rapidamente. Não suportamos ter que esperar. Queremos os aparelhos mais velozes, as comidas rápidas. Mas de que adianta essa impaciência, se não tivermos qualidade de vida para usufruir do que ela nos oferece?

O mesmo acontece em nossa relação com Deus. Queremos que ele nos atenda prontamente e não temos paciência para esperar, se o pedido não for logo atendido, mas paradoxalmente pedimos que ele seja paciente conosco. Precisamos aprender com Maria que o tempo de Deus, o *Kairós*, não combina com a pressa nossa de cada dia.

Para reflexão: Em sua vida cotidiana, como você vive a paciência com os outros, com a ação de Deus e com si mesmo?

Rezar com a Mãe Maria

Oração do terço contemplando os mistérios do dia correspondente. (*As orações encontram-se nas pp. 65-75.*)

Intenção: Ao rezarmos este terço, pedimos ao Senhor que nos conceda a virtude da paciência. E que o nosso ser paciente seja persistente como o foi Nossa Mãe Maria. (*Outras intenções.*)

Oração para pedir a virtude da paciência

Ó Virgem Maria, Nossa Mãe,
intercessora de todas as graças,
e Mãe do único Mediador entre o Pai e nós.
A ti pedimos, ó Mãe querida,
que intercedas por nós junto ao teu Filho Jesus,
a fim de que ele nos conceda,
com a força do Espírito Santo, a virtude da paciência.
Que seguindo os teus passos, ó Mãe, no discipulado de Jesus
não percamos de vista aquilo que é essencial.
E que, em nosso dia a dia,

nada nos desanime em nossa união com Deus,
mas todo e qualquer acontecimento
sirva para nos fortalecer na paciência.
Amém!

Oração final

Ó Maria, minha querida e terna Mãe,
colocai vossa mão sobre minha cabeça.
Guardai minha mente, coração e sentidos,
para que eu não cometa o pecado.
Santificai meus pensamentos,
sentimentos, palavras e ações,
para que eu possa agradar a vós
e ao vosso Jesus e meu Deus.
E assim possa participar
de vossa felicidade no céu.
Jesus e Maria, dai-me vossa bênção.
Em nome do Pai, do Filho e do Espírito Santo.
Amém.

(Beato Tiago Alberione)

Bênção

Que o Senhor nos abençoe e nos guarde. *Amém.*

Ele nos mostre a sua face e se compadeça de nós. *Amém.*

Dirija para nós o seu olhar e nos dê a paz. *Amém.*

† Abençoe-nos o Deus que é Pai, Filho e Espírito Santo. *Amém.*

9º dia Virtude da pobreza

*O meu espírito se alegra
em Deus, meu Salvador.*
(Lc 1,47)

No nono dia de nossa oração com as virtudes de Nossa Mãe Maria, contemplamos a virtude da pobreza. Maria que, em Belém, deu à luz seu filho Jesus na simplicidade de uma hospedaria e viveu na singeleza de Nazaré. A intenção para este momento de oração é a de sermos solidários e atentos às necessidades dos mais pobres, a fim de que não lhes falte os bens essenciais para uma vida digna.

Oração do Ângelus ou outra à escolha

Texto bíblico: Lc 1,47-48

*[Do canto de Maria]
"A minha alma engrandece o Senhor, e meu espírito se alegra em Deus, meu Salvador,
porque ele olhou para a humildade de sua serva. Todas as gerações, de agora em diante, me chamarão feliz.
porque o Poderoso fez para mim coisas grandiosas. O seu nome é santo,
e sua misericórdia se estende de geração em geração sobre aqueles que o temem.*

Ele mostrou a força de seu braço: dispersou os que têm planos orgulhosos no coração. Derrubou os poderosos de seus tronos e exaltou os humildes."

Refletir sobre a virtude

O contexto do nascimento de Jesus, segundo a narrativa do Evangelho de Lucas, é de pobreza. Em Belém, na Judeia, Maria e José não encontram vaga na hospedaria e ela entra em trabalho de parto, dando à luz Jesus em um estábulo pobre e simples. Logo após nascer, Jesus é posto em uma manjedoura, que certamente era de uso dos animais que ali se recolhiam.

No oitavo dia os pais de Jesus cumprem o ritual da circuncisão (Lc 2,21) e, após o período de purificação de Maria, isto é, trinta e três dias (Lv 12,2-4), a família vai ao Templo consagrar a Deus o filho primogênito, e, conforme ordenava a Lei de Moisés (Ex 13,1-2), oferecem em sacrifício um par de rolas ou dois pombinhos (Lv 12,7-8), pois esta era a oferta estipulada aos pobres.

A família de Nazaré vive uma vida simples, e certamente a sua subsistência sobrevinha do trabalho na carpintaria de José (Mt 13,55). É com sua família que Jesus compreende a grandeza do pobre e o valor da pobreza. Esta será uma das características marcantes da pregação de Jesus, que tem como centro os pobres e pequeninos. Ele mesmo não tinha onde reclinar a cabeça.

Maria é a expressão viva de que Deus prioriza os pobres ao realizar seu plano de salvação. O canto do *Magnificat* revela o rosto de Deus que assume a causa dos humilhados, dos famintos, e, como no Êxodo, Deus vê, ouve e desce para libertar o seu povo de toda opressão (Ex 3,7-8).

Jesus rompe barreiras culturais e raciais fazendo-se próximo de crianças, mulheres, leprosos, pecadores e estrangeiros, todos estes excluídos e marginalizados pela sociedade daquele tempo. Ele se faz solidário com aqueles que a sociedade deixa de lado. Toda a pregação de Jesus pode ser lida e interpretada na ótica do pobre.

É importante lembrarmos que a pobreza pode ser compreendida de diferentes modos, por exemplo, pobreza econômica, social, espiritual, cultural etc. Contudo, em todas as situações de pobreza se pressupõe um sentimento de solidariedade, partilha e de libertação para com os pobres de fato.

Para reflexão: Em sua vida cotidiana, como você ajuda as pessoas a superarem as diversas formas de pobreza?

Rezar com a Mãe Maria

Oração do terço contemplando os mistérios do dia correspondente. (*As orações encontram-se nas pp. 65-75.*)

Intenção: Ao rezarmos este terço, pedimos ao Senhor que nos conceda a virtude da pobreza. E que o nosso ser pobre seja desprendido como o foi Nossa Mãe Maria. (*Outras intenções.*)

Oração para pedir a virtude da pobreza

Ó Virgem Maria, Nossa Mãe,
intercessora de todas as graças,
e Mãe do único Mediador entre o Pai e nós.
A ti pedimos, ó Mãe querida,
que intercedas por nós junto ao teu Filho Jesus,
a fim de que ele nos conceda,
com a força do Espírito Santo, a virtude da pobreza.
Que seguindo os teus passos, ó Mãe, no discipulado de Jesus tenhamos um espírito pobre e despojado que não busque o supérfluo.
E que, em nosso dia a dia,
nada nos desanime em nossa união com Deus,
mas todo e qualquer acontecimento
sirva para fortalecer em nós a pobreza de espírito.
Amém!

Oração final

Ó Maria, minha Mãe, Mestra e Rainha dos Apóstolos,
acolhei-me entre os que amais, guiais e santificais,
no discipulado de Jesus Cristo.
Em Deus, vedes os filhos que ele chama,
e por eles intercedeis, obtendo-lhes graças, luz e conforto.
Jesus Cristo, o Divino Mestre, confiou-se inteiramente
aos vossos cuidados,
desde a encarnação até a ascensão.
Isto é para mim ensinamento, exemplo e dom inefável.
Como Jesus, eu também me coloco em vossas mãos.
Obtende-me a graça de conhecer,
seguir e amar sempre mais a Jesus Mestre,
Caminho, Verdade e Vida.
Apresentai-me a Jesus, para ser admitido
entre os discípulos dele.
Iluminai-me, fortificai-me e santificai-me.
Que eu possa corresponder plenamente
à vossa bondade, e possa um dia dizer:
"eu vivo, mas já não sou que vivo,
pois é Cristo que vive em mim".
Quero corresponder sempre mais ao dom de Deus,
"até que em mim se forme Jesus Cristo".
Amém.

(Beato Tiago Alberione)

Bênção

Que o Senhor nos abençoe e nos guarde. *Amém.*

Ele nos mostre a sua face e se compadeça de nós. *Amém.*

Dirija para nós o seu olhar e nos dê a paz. *Amém.*

† Abençoe-nos o Deus que é Pai, Filho e Espírito Santo. *Amém.*

Parte II
O Terço

Como rezar

Começa-se a oração do terço invocando a Santíssima Trindade: *Em nome do Pai, do Filho e do Espírito Santo. Amém.*

Segue:

- Oferecimento do Rosário.
- Creio: profissão de fé cristã.
- Um Pai-Nosso; três Ave-Marias; um Glória.

Antes de cada mistério, colocam-se as intenções. Retome a intenção geral indicada para cada virtude, e acrescente outras necessidades pelas quais você gostaria de rezar o terço.

A seguir, começa-se a contemplação dos mistérios. Após cada mistério rezam-se 1 Pai-Nosso, 10 Ave-Marias, 1 Glória.

Ao terminar os mistérios, reza-se a oração de agradecimento, seguida pela Salve-Rainha.

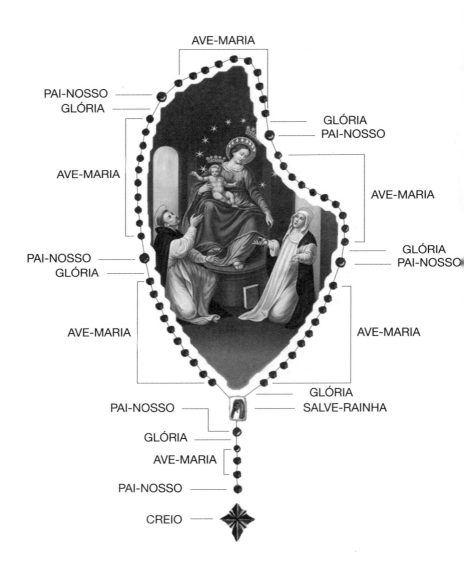

Orações

Oferecimento

Divino Jesus, nós vos oferecemos este terço que vamos rezar, contemplando os mistérios de nossa redenção. Concedei-nos, pela intercessão de Maria, vossa Mãe Santíssima, a quem nos dirigimos, as virtudes que nos são necessárias para rezá-lo bem e as graças que nos vêm desta santa devoção.

Creio

Creio em Deus Pai todo-poderoso, criador do céu e da terra. E em Jesus Cristo, seu único Filho, nosso Senhor, que foi concebido pelo poder do Espírito Santo; nasceu da Virgem Maria; padeceu sob Pôncio Pilatos, foi crucificado, morto e sepultado; desceu à mansão dos mortos; ressuscitou ao terceiro dia; subiu aos céus, está sentado à direita de Deus Pai todo-poderoso, de onde há de vir julgar os vivos e os mortos. Creio no Espírito Santo, na santa Igreja Católica, na comunhão dos santos, na remissão dos pecados, na ressurreição da carne, na vida eterna. Amém.

Pai-Nosso

Pai nosso que estais nos céus, santificado seja o vosso nome, venha a nós o vosso Reino, seja feita a vossa vontade assim na terra como no céu; o pão nosso de cada dia nos dai hoje, perdoai-nos as nossas ofensas, assim como nós perdoamos a quem nos tem ofendido, e não nos deixeis cair em tentação, mas livrai-nos do mal. Amém.

Ave-Maria

Ave, Maria, cheia de graça, o Senhor é convosco; bendita sois vós entre as mulheres e bendito é o fruto do vosso ventre, Jesus. Santa Maria, Mãe de Deus, rogai por nós, pecadores, agora e na hora de nossa morte. Amém.

Glória

Glória ao Pai, ao Filho e ao Espírito Santo. Como era no princípio, agora e sempre. Amém.

Mistérios

Mistérios gozosos

(segundas-feiras e sábados)

Primeiro mistério: contemplamos a anunciação do anjo Gabriel a Virgem Maria. "Conceberás e darás à luz um filho, e lhe porás o nome de Jesus" (Lc 1,26-38).

Segundo mistério: contemplamos a visita de Maria a sua prima Isabel. "Bendita és tu entre as mulheres e bendito é o fruto do teu ventre!" (Lc 1,39-56).

Terceiro mistério: contemplamos o nascimento de Jesus em Belém. "[Maria] deu à luz a seu filho primogênito, envolveu-o em faixas e deitou-o numa manjedoura, porque não havia lugar para eles na hospedaria" (Lc 2,1-20).

Quarto mistério: contemplamos a apresentação de Jesus no Templo. "[...] levaram o menino a Jerusalém para apresentá-lo ao Senhor [...] Simeão tomou-o nos braços e louvou a Deus [...]" (Lc 2,22-38).

Quinto mistério: contemplamos o encontro de Jesus no Templo. "Depois de três dias, o encontraram no Templo, sentado entre os mestres, ouvindo-os e fazendo-lhes perguntas (Lc 2,41-50).

Mistérios luminosos

(quintas-feiras)

Primeiro mistério: contemplamos o batismo de Jesus no rio Jordão. "E do céu veio uma voz que dizia: 'Este é o meu Filho amado [...]'" (Mt 3,13-17).

Segundo mistério: contemplamos o primeiro milagre de Jesus, nas bodas de Caná. "Faltando o vinho, a mãe de Jesus lhe disse: 'Eles não têm vinho!' [...] [e] disse aos que estavam servindo: 'Fazei tudo o que ele vos disser!'" (Jo 2,1-12).

Terceiro mistério: contemplamos Jesus que anuncia o Reino de Deus e convida à conversão. "Convertei-vos e crede na Boa-Nova" (Mc 1,14-15).

Quarto mistério: contemplamos a transfiguração de Jesus no monte Tabor. "[...] seu rosto brilhou como o sol e suas roupas ficaram brancas como a luz" (Mt 17,1-9).

Quinto mistério: contemplamos a instituição da Eucaristia. "Tomai, isto é o meu corpo" (Mc 14,22-25).

Mistérios dolorosos

(terças-feiras e sextas-feiras)

Primeiro mistério: contemplamos a agonia de Jesus no horto das Oliveiras. "Pai, se quiseres, afasta de mim este cálice; contudo, não seja feita a minha vontade, mas a tua!" (Lc 22,39-46).

Segundo mistério: contemplamos a condenação de Jesus. "Pilatos [...] mandou açoitar Jesus e entregou-o para ser crucificado" (Mc 15,1-15).

Terceiro mistério: contemplamos Jesus coroado de espinhos. "[...] trançaram uma coroa de espinhos, puseram-na em sua cabeça" (Mt 27,27-31).

Quarto mistério: contemplamos Jesus carregando a cruz a caminho do Calvário. "Mulheres de Jerusalém, não choreis por mim! Chorai por vós mesmas e por vossos filhos!" (Lc 23,26-32).

Quinto mistério: contemplamos a crucifixão e a morte de Jesus. "Pai, em tuas mãos entrego o meu espírito" (Lc 23,33-49).

Mistérios gloriosos

(quartas-feiras e domingos)

Primeiro mistério: contemplamos a ressurreição de Jesus Cristo. "Ele não está aqui! Ressuscitou, como havia dito!" (Mt 28,1-10).

Segundo mistério: contemplamos a ascensão de Jesus aos céus. "[Os apóstolos] voltaram para Jerusalém, com grande alegria" (Lc 24,50-53).

Terceiro mistério: contemplamos a vinda do Espírito Santo sobre a Virgem Maria e os Apóstolos. "Então apareceram línguas como de fogo que se repartiram e pousaram sobre cada um deles" (At 2,1-13).

Quarto mistério: contemplamos a assunção de Nossa Senhora ao céu. "[...] o Poderoso fez para mim coisas grandiosas" (Lc 1,47-55).

Quinto mistério: contemplamos a coroação de Nossa Senhora como rainha do céu e da terra. "[...] apareceu no céu um grande sinal: uma mulher vestida com o sol, tendo a lua debaixo dos pés e, sobre a cabeça, uma coroa de doze estrelas" (Ap 12,1-18).

Agradecimento

Graças vos damos, soberana Rainha, pelos benefícios que todos os dias recebemos de vossas mãos. Dignai-vos, agora e para sempre, tomar-nos debaixo de vosso poderoso amparo, e para mais vos obrigar, saudamo-vos com uma Salve-Rainha.

Salve-Rainha

Salve, Rainha, Mãe de misericórdia, vida, doçura, esperança nossa, salve! A vós bradamos, os degredados filhos de Eva. A vós suspiramos, gemendo e chorando neste vale de lágrimas. Eia, pois, Advogada nossa, esses vossos olhos misericordiosos a nós volvei, e depois deste desterro mostrai-nos Jesus, bendito fruto do vosso ventre, ó clemente, ó piedosa, ó doce sempre Virgem Maria.

Rogai por nós, santa Mãe de Deus,

para que sejamos dignos das promessas de Cristo.

Parte III
Orações diversas

Ângelus

– O Anjo do Senhor anunciou a Maria.
– *E ela concebeu pelo Espírito Santo.*
– Eis a serva do Senhor.
– *Faça-se em mim segundo a vossa palavra.*
– E o Verbo divino se fez homem.
– *E habitou entre nós.*
– Rogai por nós, santa Mãe de Deus.
– *Para que sejamos dignos das promessas de Cristo.*

Oremos: Infundi, Senhor,
em nossos corações a vossa graça,
a fim de que, conhecendo pelo anúncio do Anjo
a encarnação de Jesus Cristo, vosso Filho,
cheguemos pela sua paixão e
morte à glória da ressurreição.
Pelo mesmo Cristo, nosso Senhor.
Amém.

Rainha do Céu

(no Tempo Pascal)

– Rainha do céu, alegrai-vos. Aleluia!
– *Porque quem merecestes trazer em vosso puríssimo seio. Aleluia!*
– Ressuscitou como disse. Aleluia!
– *Rogai a Deus por nós. Aleluia!*
– Exultai e alegrai-vos, ó Virgem Maria. Aleluia!
– *Porque o Senhor ressuscitou verdadeiramente. Aleluia!*

Oremos: Ó Deus,
que alegrastes o mundo
com a ressurreição do vosso Filho,
Jesus Cristo, Senhor nosso,
concedei-nos, vo-lo suplicamos,
que por sua Mãe, a Virgem Maria,
alcancemos as alegrias da vida eterna.
Pelo mesmo Cristo, nosso Senhor.
Amém.

Lembrai-vos

(Oração de São Bernardo)

Lembrai-vos, ó piíssima Virgem Maria,
que nunca se ouviu dizer
que algum daqueles que têm recorrido à vossa proteção,
implorado a vossa assistência
e reclamado o vosso socorro
fosse por vós desamparado.
Animado, pois, com igual confiança, a vós,
ó Virgem entre todas singular,
como a Mãe recorro,
de vós me valho, e gemendo sob o peso
de meus pecados me prostro a vossos pés.
Não desprezeis minhas súplicas,
ó Mãe do Filho de Deus humanado,
mas dignai-vos de as ouvir propícia
e de me alcançar o que vos rogo.
Amém.

Creio

(Símbolo Niceno-Constantinopolitano)

Creio em um só Deus, Pai Todo-Poderoso,
criador do céu e da terra, de todas as coisas
visíveis e invisíveis.
Creio em um só Senhor, Jesus Cristo,
Filho Unigênito de Deus,
nascido do Pai antes de todos os séculos.
Deus de Deus, luz da luz,
Deus verdadeiro de Deus verdadeiro,
gerado, não criado, consubstancial ao Pai.
Por ele todas as coisas foram feitas.
E por nós, homens, e para nossa salvação,
desceu dos céus,
e se encarnou pelo Espírito Santo,
no seio da Virgem Maria, e se fez homem.
Também por nós foi crucificado sob Pôncio Pilatos,
padeceu e foi sepultado.
Ressuscitou ao terceiro dia,
conforme as Escrituras,
e subiu aos céus,
onde está sentado à direita do Pai.
E de novo há de vir, em sua glória,
para julgar os vivos e os mortos;

e o seu reino não terá fim.
Creio no Espírito Santo,
Senhor que dá a vida,
e procede do Pai e do Filho;
e com o Pai e o Filho é adorado e glorificado;
ele que falou pelos profetas.
Creio na Igreja, una, santa,
católica e apostólica.
Professo um só batismo
para a remissão dos pecados,
e espero a ressurreição dos mortos
e a vida do mundo que há de vir.
Amém.

Ato de fé

Eu creio firmemente que há um só Deus,
em três pessoas, realmente distintas:
Pai, Filho e Espírito Santo;
creio que o Filho de Deus encarnado se fez homem,
padeceu e morreu na cruz para nos salvar e que
ao terceiro dia ressuscitou.
Creio tudo mais que crê e ensina a Igreja de Cristo,
porque Deus, verdade infalível, lho revelou.
E nesta fé quero viver e morrer.
Senhor, aumentai a minha fé.
Amém.

Ato de esperança

Eu espero, meu Deus, com firme confiança,
que pelos merecimentos de Nosso Senhor Jesus Cristo
me dareis a salvação eterna e as graças necessárias
para consegui-la, porque sois sumamente bom e poderoso
e o prometestes a quem observar o evangelho de Jesus,
como eu me proponho fazer com o vosso auxílio.
Amém.

Ato de caridade

Eu vos amo, meu Deus, de todo coração
e sobre todas as coisas,
porque sois infinitamente bom e amável,
e antes quero perder tudo que vos ofender.
Por vosso amor, amo o meu próximo
como a mim mesmo.

Ato de contrição

Senhor, eu me arrependo sinceramente de todo mal
que pratiquei e do bem que deixei de fazer.
Pecando, eu vos ofendi, meu Deus e sumo bem,
digno de ser amado sobre todas as coisas.
Prometo firmemente, ajudado com a vossa graça,
fazer penitência e fugir às ocasiões de pecar.
Senhor, tende piedade de mim, pelos méritos da
paixão, morte e ressurreição de Jesus Cristo, nosso Salvador.

Magnificat

(Lc 1,46-55)

A minha alma engrandece o Senhor,
e meu espírito se alegra em Deus, meu Salvador,
porque ele olhou para a humildade de sua serva.
Todas as gerações, de agora em diante, me chamarão feliz,
porque o Poderoso fez para mim coisas grandiosas.
O seu nome é santo, e sua misericórdia se estende
de geração em geração
sobre aqueles que o temem.
Ele mostrou a força de seu braço:
dispersou os que têm planos orgulhosos no coração.
Derrubou os poderosos de seus tronos e exaltou os humildes.
Encheu de bens os famintos, e mandou embora
os ricos de mãos vazias.
Acolheu Israel, seu servo, lembrando-se de sua misericórdia,
conforme prometera a nossos pais, em favor de Abraão
e de sua descendência, para sempre.

Santíssima Trindade

(Beato Tiago Alberione)

Trindade Santíssima, Pai, Filho, Espírito Santo,
presente e agindo na Igreja e na profundidade do meu ser.
Eu vos adoro, amo e agradeço.
E pelas mãos da Virgem Maria, minha Mãe Santíssima,
eu me ofereço, entrego e consagro inteiramente a vós,
nesta vida e para a eternidade.
Pai Celeste, a vós me ofereço, entrego e consagro como filho.
Jesus Mestre, a vós me ofereço, entrego e consagro,
como irmão e discípulo.
Espírito Santo, a vós me ofereço, entrego e consagro,
como "templo vivo" para ser santificado.
Maria, Mãe da Igreja e minha Mãe, vós que estais na mais
íntima união com a Santíssima Trindade,
ensinai-me a viver em comunhão
com as três Pessoas divinas,
a fim de que a minha vida inteira seja um hino
de glória ao Pai, ao Filho e ao Espírito Santo.
Amém.

Consagração

(Beato Tiago Alberione)

Ó Maria, minha Mãe, Mestra e Rainha dos Apóstolos,
acolhei-me entre os que amais, guiais e santificais,
no discipulado de Jesus Cristo.
Em Deus, vedes os filhos que ele chama,
e por eles intercedeis, obtendo-lhes graças, luz e conforto.
Jesus Cristo, o Divino Mestre, confiou-se inteiramente
aos vossos cuidados,
desde a encarnação até a ascensão.
Isto é para mim ensinamento, exemplo e dom inefável.
Como Jesus, eu também me coloco em vossas mãos.
Obtende-me a graça de conhecer,
seguir e amar sempre mais a Jesus Mestre,
Caminho, Verdade e Vida.
Apresentai-me a Jesus, para ser admitido
entre os discípulos dele.
Iluminai-me, fortificai-me e santificai-me.
Que eu possa corresponder plenamente
à vossa bondade, e possa um dia dizer:
"eu vivo, mas já não sou que vivo,
pois é Cristo que vive em mim".
Quero corresponder sempre mais ao dom de Deus,
"até que em mim se forme Jesus Cristo".
Amém.

Maria passa na frente

(Dennis Bougerne)

Maria passà à nossa frente e abre estradas e caminhos.
Abre portas e portões, casas e corações.
Se a Mãe vai à frente, os filhos protegidos
podem seguir os seus passos.
Maria, passa à nossa frente e resolve tudo aquilo
que não podemos resolver.
Mãe cuida de tudo o que não está ao nosso alcance.
Tu tens poder para isso!
Mãe, vai acalmando, serenando e tranquilizando os corações.
Arranca o ódio, o rancor, a mágoa e as aflições.
Resgata os teus filhos da perdição!
Maria, tu és Mãe e estás à porta.
Abre o coração das pessoas e as portas pelo caminho.
Maria, eu te peço: Passa na frente!
Conduz, ajuda e cura os filhos que necessitam de ti.
Ninguém foi decepcionado por ti
depois de haver-te invocado e pedido a tua proteção.
Só tu, com o poder de teu Filho,
podes resolver as coisas difíceis e impossíveis.
Amém.

Hino à caridade

(1Cor 13,1-13)

Se eu falasse as línguas dos homens e as dos anjos,
mas não tivesse amor, eu seria como um
bronze que soa ou um címbalo que retine.
Se eu tivesse o dom da profecia, se conhecesse
todos os mistérios e toda a ciência,
se tivesse toda a fé, a ponto de remover montanhas,
mas não tivesse amor, eu nada seria.
Se eu gastasse todos os meus bens no sustento dos pobres
e até me entregasse como escravo, para me gloriar,
mas não tivesse amor, de nada me aproveitaria.
O amor é paciente, é benfazejo; não é invejoso,
não é presunçoso nem se incha de orgulho;
não faz nada de vergonhoso, não é interesseiro,
não se encoleriza, não leva em conta o mal sofrido;
não se alegra com a injustiça, mas fica alegre com a verdade.
Ele desculpa tudo, crê tudo, espera tudo, suporta tudo.
O amor jamais acabará.
As profecias desaparecerão, as línguas cessarão,
a ciência desaparecerá.
Com efeito, o nosso conhecimento é limitado,
como também é limitado nosso profetizar.
Mas, quando vier o que é perfeito,
desaparecerá o que é imperfeito.

Quando eu era criança, falava como criança,
pensava como criança, raciocinava como criança.
Quando me tornei adulto,
rejeitei o que era próprio de criança.
Agora nós vemos num espelho, confusamente;
mas, então, veremos face a face.
Agora, conheço apenas em parte,
mas, então, conhecerei completamente, como sou conhecido.
Atualmente permanecem estas três:
a fé, a esperança, o amor.
Mas a maior delas é o amor.

Sumário

Apresentação 7

Parte 1
AS VIRTUDES

1º dia — Fé 11
2º dia — Esperança 17
3º dia — Amor/caridade 23
4º dia — Humildade 29
5º dia — Fidelidade 35
6º dia — Disponibilidade 41
7º dia — Confiança 47
8º dia — Paciência 53
9º dia — Pobreza 59

Parte II
O TERÇO

Como rezar 67
Orações 69
Oferecimento 69
Creio 69
Pai-Nosso 70
Ave-Maria 70
Glória 70
Mistérios 71
Mistérios gozosos 71
Mistérios luminosos 72
Mistérios dolorosos 72

Mistérios gloriosos 73
Agradecimento 74
Salve-Rainha 74

Parte III
ORAÇÕES DIVERSAS

Ângelus 79
Rainha do Céu 80
Lembrai-vos – Oração de São Bernardo 81
Creio – Símbolo Niceno-Constantinopolitano 82
Ato de fé 84
Ato de esperança 84
Ato de caridade 85
Ato de contrição 85
Magnificat 86
Santíssima Trindade 87
Consagração 88
Maria passa na frente 89
Hino à caridade 90

Rua Dona Inácia Uchoa, 62
04110-020 – São Paulo – SP (Brasil)
Tel.: (11) 2125-3500
http://www.paulinas.com.br – editora@paulinas.com.br
Telemarketing e SAC: 0800-7010081